AF224777

RÉLATION

DE

M. DECHAUMEREIX,

OFFICIER DE LA MARINE:

ÉCHAPPÉ AUX

MASSACRES D'AURAI ET DE VANNES,

SUIVIE DE

QUELQUES OBSERVATIONS

SUR

L'ESPRIT PUBLIC EN BRETAGNE.

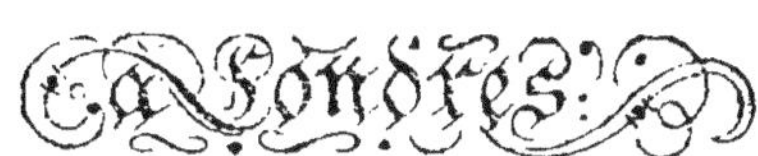

DE L'IMPRIMERIE DE T. BAYLIS, 15, GREVILLE-STREET.

Et se trouve chez J. DE BOFFE, Libraire, Gerrard-Street;
DEBRETT, Piccadilly; & BOOSEY, Broad Street, près
de la Bourse-Royale.

1795.

RÉLATION.

OBJET DE L'OUVRAGE.

SI le récit des dangers auxquels j'ai eu le bonheur d'échapper n'étoit pas lié à un des grands désastres de la Révolution Françoise, je n'en occuperois pas le public. Et en les retraçant aujourd'hui, je suis loin de vouloir appeller sur moi un intérêt qui appartient à d'autres infortunes. Des motifs plus nobles m'animent ; je cède à une plus haute pensée.

De grands crimes ont suivi une victoire facile. Faut-il en accuser ma patrie, ou ses tyrans ? L'opinion publique encore incertaine va être fixée.

La

La France semble n'offrir depuis trois ans que des tyrans & des esclaves, des bourreaux & des victimes. Les esprits libres & généreux détournent leurs regards de ce tableau. Les cœurs sensibles tremblent de s'y arrêter. Je viens les reposer sur d'autres images. Ils y verront briller la tendre humanité avec les vertus nobles & courageuses qui l'accompagnent.

Les massacres de Vannes ont été ordonnés par le parti qui dominoit alors dans la Convention. Ils ont révolté l'armée. Ils ont excité partout l'indignation. Le nom François ne sera pas souillé de ce crime. Il doit être ajouté à la liste immense de ceux par lesquels la Convention a perpétué sa sanglante tyrannie.

Une capitulation avoit été faite : elle a été violée. La cruauté invoqua la perfidie.

Echappé presque seul à ces massacres, c'étoit, j'ose le dire, un devoir sacré pour moi que d'en faire connoître les auteurs. Eh! qui pourroit se séparer de la gloire de son pays? Des sentiments plus doux m'ont entraîné encore. J'étois impatient de payer un hommage d'amour & de reconnoissance à ces bienfaiteurs généreux qui ont bravé tant de dangers pour m'arracher à la mort. O mes

O mes amis ! cet hommage vous parviendra d'une terre étrangère, il est vrai ; mais où l'on sait honorer la vertu & respecter le malheur. Je voudrois présenter vos noms à tous les cœurs sensibles : je suis forcé de les cacher. Il est encore des tyrans dans ma patrie.

Et vous, touchantes victimes de l'honneur & de la fidélité ! J'ai vu votre sublime dévouement. Je vais le retracer. Vous n'êtes plus ; mais votre sang généreux a coulé pour votre Roi. Il a coulé dans ces nobles contrées où son nom sacré est si souvent indiqué ! Un jour il y fera naître vos vengeurs. Vous méritiez de vaincre aux champs de la Vendée. Consolez-vous, ombres illustres ! Vous serez associées à la gloire de ses héros !

Cette rélation est entièrement étrangère à l'expédition de Quiberon qui a trop divisé les esprits, & peut-être trop aigri les cœurs, pour que le moment d'en parler soit encore venu. Elle commence à la prise du Fort, & comprend un espace de deux mois, depuis le 21 Juillet jusqu'au 21 Septembre. Je l'ai divisée en époques dont chacune fait le sujet d'un chapitre.

Je finirai par des observations que j'ai faites moi-même sur les lieux, ou que j'ai puisées dans

 différentes

différentes conversations avec des hommes de tous les partis. Je n'en conclurai rien pour le reste de la France. Elles sont absolument renfermées dans un très-petit cercle. Je dois même remarquer que le département du Morbihan est celui où le Royalisme a fait le plus de progrès.

CHA-

[5]

CHAPITRE I.

LE 21 Juillet, à 5 heures du matin, les corps qui n'étoient pas de service au Fort-Penthièvre étoient encore dans leurs cantonnemens. Nous entendîmes battre la générale. Le régiment d'Hector se rassembla, & M. de Soulange, quoique grièvement blessé à l'affaire du 16, se mit à notre tête. Nous nous portâmes vers le petit moulin où M. de Sombreuil étoit en bataille avec sa division. On ignoroit encore la prise du Fort-Penthièvre : on le croyoit seulement attaqué. M. de Sombreuil avoit à peine ordonné quelques dispositions que nous apperçumes l'ennemi qui marchoit sur trois colonnes, deux suivoient à droite & à gauche le long de la mer pour nous envelopper : celle du centre composée de grenadiers & de chasseurs s'avançoit vers notre front, précédée de quelques tirailleurs qui nous incommodoient beaucoup : lorsqu'elle fut à portée de fusil, un grand nombre de nos soldats passèrent à l'ennemi en criant, *nous sommes Républicains.* Je n'en remarquai aucun de la division de M. de Sombreuil ni du régiment d'Hector. M. de

Som-

Sombreuil ordonna de se porter au Fort-Neuf &
de s'y rallier. En nous y rendant, des soldats
nous abandonnèrent encore pour se rembarquer.
On voyoit sur le rivage une multitude de vieil-
lards, de femmes & d'enfants qui étoient venus
chercher un azile à Quiberon, & qui se précipi-
tant dans les chaloupes périssoient sous nos yeux.
Spectacle déchirant ! peu occupés de nos malheurs personnels, nous donnions des larmes au
sort de tant de victimes.

Arrivés au Fort-Neuf, M. de Sombreuil y
réunit les débris des différents corps. La corvette
Angloise Lark vint mouiller très-près de terre &
canonna la colonne du centre. Les deux autres
manœuvroient toujours de manière à nous envelopper.

C'est dans cette position que M. de Sombreuil s'avança seul vers l'ennemi & lui fit signe
de la main. La colonne s'arrêta. Le général
Hoche qui la commandoit fit quelques pas, suivi
de deux officiers de son état-major. M. de Sombreuil élevant la voix lui dit : " Les hommes que
" je commande sont déterminés à périr sous les
" ruines du Fort ; mais si vous voulez les laisser
" rembarquer vous épargnerez le sang François."
Le général Hoche lui répondit : " Je ne puis
" per-

" permettre le rembarquement, mais si vous
" mettez bas les armes, vous serez traités comme
" des prisonniers de guerre."—" Les émigrés
" sont-ils compris dans cette capitulation ?"
ajouta M. de Sombreuil. " Oui, dit le général
" Hoche, tout ce qui mettra bas les armes."

Après être convenus des termes de la capitulation, le général Hoche demanda à M. de Sombreuil son nom, lorsqu'il l'eut entendu: " Quant à
" vous, Monsieur, je ne puis rien vous promet-
" tre."—" Aussi n'est-ce pas pour moi, répondit
" M. de Sombreuil, que j'ai voulu capituler, je
" mourrai content si je sauve mes braves com-
" pagnons d'armes. Croyez que je suis loin de
" vouloir survivre à une journée aussi malheu-
" reuse."

M. de Sombreuil revint au Fort & nous dit:
" Messieurs, j'ai obtenu des conditions aussi fa-
" vorables que les circonstances le permettoient:
" je me suis engagé à vous faire mettre bas les
" armes ; posez-les, & qu'on dise à la corvette An-
" gloise de cesser son feu." Il nous cacha qu'il
s'étoit dévoué. Quelques personnes qui parloient
Anglois s'avancèrent vers le rivage & crièrent aux
chaloupes de ne pas venir, qu'on avoit capitulé.
La corvette Lark continuoit de tirer. M. de
Gery, officier de marine, se jetta à la nage, s'ap-
procha

procha de la corvette, & lui dit de cesser son feu. Fidele aux termes de la capitulation, il revint au milieu de nous,....trouver une mort à laquelle il pouvoit si facilement échapper—mais sa mémoire sera consacrée par ce trait sublime.

Quelques instants après il entra dans le Fort trois officiers républicains & plusieurs soldats. M. d'Entrechaux, mon camarade & mon ami, ne m'avoit pas quitté dans cette cruelle journée; je lui proposai de nous approcher d'un de ces officiers dont la figure m'avoit inspiré de la confiance. " Vous voyez, Monsieur, lui dis-je, com- " bien nous sommes malheureux, mais évitez " nous des outrages qui seroient plus cruels que la " mort même." Cet officier se penche sur le cou de son cheval : " Eh comment, nous ré- " pondit-il, ne serois-je pas touché de vos mal- " heurs ? J'ai servi la même cause que vous : je " la chéris peut-être autant. Je n'ai trouvé pour " moi, pour ma famille, un azile contre la ty- " rannie que dans les armées républicaines. Mais " de grace, embarquez-vous, s'il est possible." Nous lui dîmes que les chaloupes avoient été renvoyées, & qu'il y avoit une capitulation....Il nous engagea alors à le suivre. Nous sortions du Fort lorsque Tallien y entroit. Il étoit à cheval. Sa physionomie douce & agréable n'avoit rien d'in-

sultant

sultant. " Voilà, m'écriai-je, une journée bien
" inattendue."— "Oui, Monsieur," dit-il avec
modestie, & s'approchant de M. de Sombreuil:
" ah, combien votre famille est malheureuse !"
—" J'espérois la venger, répondit M. de Som-
" breuil, mais je saurai du moins supporter
" comme elle mes malheurs !" Tallien ordonna
bientôt après de conduire les prisonniers à Ste.
Barbe qui étoit le quartier-général de l'armée.
L'officier républicain nous y conduisit par un
chemin différent.

Nous traversâmes l'armée sans entendre, je ne
dis pas une injure, mais un seul mot désagréa-
ble. Nous appercevions partout un intérêt mêlé
de pitié. Parvenus à un poste, notre nouvel ami
appelle l'officier & lui dit : " Ayez soin de ces
" Messieurs ; ils ont fait leurs efforts pour mé-
" nager le sang républicain ;" il nous serra dans
ses bras & nous quitta. Il eut sans doute une
destination particulière, car nous ne le revîmes
plus. Puisse cet homme tendre & généreux parcourir un jour ces lignes, & y lire la profonde
impression qu'il a laissée dans nos cœurs ! L'officier, auquel il nous avoit recommandés, nous fit
entrer dans sa tente & nous offrit du pain très-
noir. Il s'excusa sur la qualité & sur la quantité.
" Notre ration est petite : mais je suis heureux

C " de

" de la partager avec vous." Il ajouta d'une voix
basse : " La République est une belle chose, mais
" nous mourons de faim & nous sommes nuds."
Et en effet cette armée manquoit de tout.
" Mais, lui dis-je, nous serons encore plus à
" plaindre que vous ?"—" Detrompez-vous, me
" repondit-il, vous avez deux titres bien puis-
" sants ici. Vous êtes malheureux & Roya-
" listes. Vous verrez avec quel empressement
" on viendra vous secourir. Vous êtes sur une
" terre amie & hospitalière. Vous ne savez pas
" combien vous y étiez désirés. Je viens de la
" parcourir. Le deuil étoit sur notre passage.
" Les mères en nous montrant à leurs enfants
" leur disoient : voilà les soutiens de cette hor-
" rible Convention ! Il est certain, ajoutoit-il,
" que vous avez laissé échapper une occasion
" bien favorable. Si vous aviez eu le plus léger
" succès, les drapeaux de la République auroient
" été abandonnés. Tallien le sentoit bien, & il
" a employé tous les moyens pour décider les
" troupes à attaquer le Fort."

Nous cherchions à prolonger notre conversation avec cet homme simple & bon, lorsque
des officiers républicains entrèrent dans notre
tente, quelques-uns conduits par la curiosité, le
plus grand nombre par un véritable intérêt. Tous
avaient

avoient un ton décent & s'énonçoient bien. Plusieurs avoient été enfermés pendant la tyrannie de
Robespierre. Ils avoient connu le malheur. Ils
y étoient sensibles & savoient l'honorer. Ils
faisoient leurs efforts pour nous rassurer. Ils nous
disoient, " que l'armée avoit appris avec joye
" notre capitulation, & qu'on n'oseroit la violer."
Ces discours faisoient entrer quelque fois l'espérance dans nos cœurs, & les égards que nous témoignoient les soldats l'entretenoient. Ils nous
parloient avec douceur. S'ils retrouvoient un
officier de la même province ou de la même ville,
ils s'en rapprochoient avec empressement ; & l'on
n'appercevoit plus aucun trace de ces préjugés
& de ces haines qui ont causé tant de crimes &
malheurs.

A quatre heures du soir on battit la générale ;
l'on ordonna de réunir les prisonniers, & de se
disposer à partir pour Aurai.

CHA

CHAPITRE II.

ARRIVÉE ET SÉJOUR À AURAI.

L'OFFICIER républicain nous conduisit au lieu du rassemblement, & nous recommanda à un de ses amis. Il nous promit de nous informer de tout ce qui se passeroit : " Mais, ajouta-t-il, " soyez sans inquiétude. L'opinion est trop " prononcée." Toute l'armée avoit la même confiance. Elle ne soupçonnoit pas la perfidie de Tallien.

A cinq heures, on nous fit placer entre deux rangs de soldats & nous partîmes pour Aurai. Avant le départ, l'officier républicain qui commandoit l'escorte dit à M. de Sombreuil qu'on nous traiteroit avec les égards dûs à des prisonniers de guerre, mais qu'il espéroit que personne ne chercheroit à s'échapper. L'escorte étoit foible & accablée de fatigue. Les mauvais chemins forçoient à chaque instant de rompre l'ordre & de se jetter dans les champs. Le temps étoit très-obscur. Obligé de m'arrêter, la colonne me dépassa. Je m'égarai. J'appellai à haute voix ; on me répondit, & je m'approchai de deux soldats qui me conduisirent au détachement.

A

A notre arrivée à Aurai il ne manqua personne. Aucun des prisonniers ne se dissimuloit pourtant les dangers que nous courions. Mais comptant la vie pour rien, & l'honneur pour tout, ils offrirent l'exemple d'une fidélité religieuse & héroïque à leur parole.

Avant d'arriver à Aurai, l'officier d'escorte me dit que nous allions être enfermés dans une église, & m'engagea à entrer des premiers afin de me placer sur un banc de pierre attenant à un pilier. Nous arrivâmes à Aurai à neuf heures & demi du soir. Toutes les femmes étoient à leurs fenêtres avec des lumières. Je les examinai attentivement. Je vis l'expression de la plus tendre pitié. Des larmes couloient de tous les yeux. Les regards se portoient toujours avec douleur sur nous, & quelque fois avec effroi. Ils sembloient craindre d'y rencontrer un fils, un frère, un ami. Les prisonniers marchoient en silence. La nuit prêtoit encore à ce tableau je ne sais quoi de plus auguste & de plus attendrissant.

Nous fûmes conduits à l'église indiquée. Je me plaçai sur le banc de pierre. J'apperçus dans le même moment M. de Sombreuil debout & qui cherchoit des yeux une place pour s'asseoir. Je lui offris de partager la mienne. Il accepta,
& ce

& ce fut l'occasion de notre connoissance. Il ne cessa de me parler des malheurs de cette journée. Son cœur se dévoila tout entier, il ne se faisoit aucune illusion sur le sort qui l'attendoit. Mais inaccessible à la crainte, cette ame jeune & fière regrettoit vivement la gloire. Arrêté dès les premiers pas d'une carrière brillante, il éprouvoit surtout une douleur profonde de ne pouvoir remplir son avenir. Ce sentiment étoit souvent tempéré par des souvenirs tendres & touchants. Il venoit de s'arracher à l'amour, & n'avoit pû emporter le doux nom d'époux ! Epuisés de fatigue, nous nous endormîmes. Je m'éveillai le premier. Mes regards tombèrent d'abord sur lui. Quel calme ! Je donnai involontairement quelques larmes à tant de beauté, de jeunesse, & d'espérances. *

A 8 heures du matin, des officiers municipaux entrèrent dans l'église pour demander la liste des officiers & les séparer des soldats ; on excepta les volontaires nobles de Béon & de Damas. Nous nous trouvâmes 575. Nous fûmes envoyés à une maison d'arrêt & placés dans sept appartemens.

---

* J'atteste ici que la lettre de M. de Sombreuil au Commodore Warren est véritable. Il me l'avoit lue. Il avoit le projet d'en écrire une au Roi d'Angleterre.

A

A 4 heures du soir, un détachement vint nous prendre & nous conduisit sur le chemin de l'O-rient, où trois mille hommes étoient sous les armes. En traversant la ville, nous apperçûmes les marques de la plus grande douleur. Les habitans étoient convaincus que nous allions au supplice. Plusieurs parmi nous le croyoient aussi. Nous étions attendris par ce spectacle. J'ai éprouvé souvent que l'ame qui se fortifie par les outrages cède facilement aux signes de la pitié! Les soldats cherchoient à adoucir ce que cette marche militaire avoit de barbare.

A 8 heures, nous rentrames dans la ville aux sons de la musique qui étoient couverts par les cris de joye des habitans. On apportoit du vin, des fruits, qui nous étoient remis fidèlement par les soldats.

Le 23, à 8 heures du matin il entra beancoup de femmes dans notre prison ; elles étoient de ré-quisition pour le service de la maison ; mais cette réquisition n'étoit qu'un vain mot, car il fallut du crédit pour être choisie. C'étoit un tableau touchant que de voir des femmes jeunes & jolies, nous prodiguer les soins les plus tendres, & se prêter ensuite à des travaux grossiers avec une grace charmante. Celles du peuple se distin-

guoient

gnoient par leur empressement & leur bonté. Un sentiment commun de bienveillance & d'humanité sembloit les unir.

J'apperçus dans un endroit écarté, une jeune personne qui travailloit avec zèle. Sa figure étoit douce & sensible, son maintien timide. Je ne sais quel mouvement secret me porta à m'approcher d'elle, car j'étois bien loin de soupçonner tous les services qu'elle devoit me rendre. " Vous " paroissez prendre, lui dis-je, un bien vif in- " téret à nos malheurs ?"—" Peut-on les voir " sans en être attendri ?" Et en prononçant ces mots du ton de voix le plus touchant, elle laissa tomber quelques larmes. Elle ajouta : " J'ai un " frère émigré que j'aime tendrement : j'ignore " son sort."—" Je le connoissois beaucoup: je la " rassurai." Elle me quitta après ces mots. Je m'apperçus qu'elle avoit jetté un regard sur mes habits. Elle revint quelques instants après avec un habillement complet. " Ma tante, me dit- " elle, se charge de vous nourrir vous & vos " amis. Pour moi, je viendrai vous voir tous " les jours ; croyez que votre sort m'occupera " sans cesse." Je serrai tendrement ses mains. J'étois ému. J'admirai bientôt ces mouvemens tendres & heureux de la nature que la vue du malheur réveille avec tant de force dans les cœurs sensibles.

sensibles. Je vis que si les hautes conceptions du génie ont besoin de la solitude, les grandes & nobles affections du cœur se développent dans le malheur. Je ne doutai plus qu'il n'existat des rapports, inapperçus, il est vrai, dans le cours ordinaire de la vie, mais que certaines situations développent rapidement. Je ne connoissois Sophie que depuis une heure, & déjà elle étoit mon ami. Déjà elle avoit fait pour moi tout ce que peut inspirer une amitié courageuse & active. Depuis ce moment elle n'a cessé de veiller sur mon sort. Les moindres dangers l'allarmoient. Mais ses tendres inquiétudes se confondoient bientôt dans les plus douces consolations. Je m'enyvrois auprès d'elle de cette volupté pure que le ciel semble avoir placée dans le cœur d'une femme modeste & sensible.

Les jours suivants notre prison fut rempli d'habitants qui nous apportoient des provisions de toute espèce. Les soldats leur disoient quelquefois : " Vous n'avez rien pour nous. Mais à " present que vos chers Royalistes sont ici, vous " trouvez de tout."—" Eh bien, citoyens, ré- " pondoient-ils, ne faut-il pas secourir les mal- " heureux."

D

Le

L· 27, je lus le compte rendu par le général Hoche à la Convention. Sa dernière phrase étoit : *Les émigrés placés entre l'eau & le feu n'ont eu d'autre parti que de se rendre.* Il ne parloit pas de la capitulation—cette perfidie m'inspira les plus vives craintes. Je fis prier Sophie de se rendre au guichet, car depuis le 26 les femmes ne pouvoient plus entrer. Elle vint sur le champ. Je la priai instamment de s'informer de notre sort, & de me l'apprendre sans déguisement. " S'il est funeste, me dit-elle, je ne pourrai ja- " mais vous l'annoncer." Je l'assurai que la mort ne m'effrayoit pas, mais que même pour l'é- viter il étoit nécessaire que j'en fusse instruit de bonne heure. Nous convînmes alors que si elle ne pouvoit pas m'écrire, elle paroîtroit avec un voile noir sur la tête.

CHAPITRE III.

EXÉCUTION DE M. L'ÉVÊQUE DE DOL ET DE M. DE SOMBREUIL.

LE 28, à deux heures du soir, un sous-officier de la gendarmerie vint chercher MM. de Sombreuil, Joseph de Broglie, de la Londel chef de Chouans, l'Evêque de Dol & quatorze prêtres, pour les conduire à Vannes. Ce départ ñöus allarma. Mais les officiers républicains nous rassurèrent. Le bruit se répandit même que M. de Sombreuil étoit appellé à Paris. Quelques instants après Sophie vint me voir, & m'apprit que les 18 prisonniers étoient partis pour Vannes, enchaînés sur une charrette.

Le 29, des officiers de notre connoissance nous prévinrent qn'on venoit de nommer une commission, qu'elle étoit bien composée, & nous recommandèrent d'avertir tous ceux qu'on appelleroit d'insister sur la capitulation.

A 8 heures, on vint chercher M. de Soularge & quinze personnes pour paroître devant la commission qui, après les avoir interrogés, déclara au représentant du peuple qu'elle ne pouvait

condamner

condamner des prisonniers qui, de l'aveu même des soldats, avoient fait une capitulation.

A 2 heures du soir les officiers républicains vinrent nous dire qu'ils étoient pénétrés de douleur & d'indignation ; qu'ils mourroient plutôt que d'être membres d'aucune commission. Les officiers généraux voyant cette disposition de l'armée, choisirent des juges parmi les Belges & les autres étrangers.

Le 30 à 7 heures, le général le Moine, homme dont les manieres étoient grossieres & les mœurs féroces, arriva de Vannes. Il cassa la commission d'Aurai & en fit nommer quatre autres. Tous les officiers ayant refusé, il ordonna que l'armée prit les armes, & menaça de faire fusiller sur-le-champ le premier qui n'accepteroit pas sa place dans une commission. Il en choisit deux parmi les Belges, & une parmi les François. Chacune étoit composée d'un lieutenant-colonel, d'un capitaine, d'un sergent, d'un caporal & d'un fusilier. De ces trois commissions la première fut destinée pour Aurai, la seconde pour Quiberon, & la troisième pour Vannes où il y en avoit déjà une d'établie. Elle venoit de juger M. de Sombreuil.

A sept

A sept heures je reçus un billet de Sophie où il n'y avoit que ces mots : *Mon cœur est déchiré ; sauvez-vous.* Et d'une autre main quelques détails sur l'interrogatoire & l'exécution des prisonniers de Vannes. Ils sont d'un intérêt touchant ; je vais les transcrire.

Le 29, M. de Sombreuil parut devant la commission. Après avoir déclaré son nom, son âge & l'époque de son émigration, il ajouta : " J'ai " vécu, & je mourrai Royaliste. Prêt à paroître " devant Dieu, je jure qu'il y a eu une capitu- " lation, & qu'on s'y est engagé à traiter les émi- " grés comme des prisonniers de guerre." Se tournant alors vers les soldats qui l'entouroient : " J'en appelle, dit-il, à votre témoignage, grena- " diers. C'est devant vous que j'ai capitulé !"— " Oui, nous l'attestons," s'écrierent-ils. M. l'Evêque de Dol & les autres prisonniers furent interrogés le même jour. Après leur condamnation ils passèrent la nuit dans la tour.

Le lendemain à dix heures un détachement du bataillon de Paris vint les prendre pour les conduire au lieu de l'exécution. On lioit aux condamnés les mains derriere le dos. M. de Sombreuil se récria contre cette humiliation. " Votre " Roi a bien été attaché," lui dit-on ; il se soumit.

mit. On les amena sur la promenade publique de Vannes appellée la Garenne. M. de Sombreuil marchoit à la tête. Sa contenance noble & fiere contrastoit avec le calme & la douce résignation de l'Evéque de Dol. C'étoient la victime de l'honneur & le martyr de la foi. On voyoit que l'un méprisoit la vie, & que l'autre désiroit la mort. Les habitants de Vannes les entouroient en versant des larmes. Un intérêt tendre & touchant sembloit s'attacher au jeune guerrier ; quelque chose de religieux & de sacré au vénérable pontife. Arrivés au lieu de l'exécution, on les plaça sur une ligne. M. de Sombreuil refusa de se mettre à genoux. L'Evéque de Dol pria qu'on lui découvrit la tête. A la vue de ce front serein où brilloit une nouvelle vie, le peuple fut saisi d'un saint respect, la douleur se tût. On présenta à M. de Sombreuil un bandeau : " Non, dit-il, j'aime à " voir mon ennemi." Lorsque les soldats le mirent en joue, il leur cria: " Visez plus à droite, " vous me manqueriez !...." Ces mots étoient à peine prononcés . . . . & il n'étoit plus.

Le sort de M. de Sombreuil & des autres condamnés ne nous laissoit aucune espérance. Le lendemain 31, un détachement du 72eme régiment vint chercher 150 prisonniers pour les conduire à Vannes. Je fus du nombre avec mes camarades du régiment d'Hector.

CHA-

CHAPITRE IV.

ARRIVÉE À VANNES.

NOUS partîmes à pied à 10 heures du matin. Il y a cinq lieues d'Auraï à Vannes. Nous les fîmes dans quatre heures. Mme. de Bokozel suivoit son mari, & ne l'a pas quitté un instant jusqu'à sa mort. Nous admirions le courage de cette femme rare. Ses soins & ses consolations ne se bornoient pas à son mari. Sa sensibilité inépuisable se répandoit sur chacun de nous.

A notre arrivée à Vannes, nous fûmes conduits à l'église du Séminaire. Elle fut bientôt remplie d'hommes & de femmes qui nous montrèrent le même intérêt que les bons habitans d'Auraï. Nous eumes avec profusion des vivres de toute espèce. Chacun s'empressoit de nous en offrir & vouloit être préféré. Le pauvre & le riche étoient mêlés & confondus. Oh! combien cette égalité étoit touchante! Nous étions émus jusqu'aux larmes. L'horreur de notre situation disparoissoit. Une douce illusion nous faisoit chérir nos fers. Nous retrouvions notre patrie dans notre prison. Nous retrouvions ce peuple tel

qu'il

qu'il fut dans les jours de sa gloire & de son bonheur, tendre, humain, généreux. Chacun se di-
soit: *je ne mourrai pas du moins sur une terre
étrangère* ; & puisoit un nouveau courage dans
cette pensée. Exilé une seconde fois de ma patrie, ces souvenirs ont encore pour moi un charme
inexprimable.

Nous étions cent cinquante dans cette église, le
plus grand nombre officiers de la marine. J'y ai
passé depuis le 31 Juillet jusqu'au 3 Août ; ces
quatre jours ont laissé dans mon cœur une impression qui ne s'effacera jamais. Tout dans ce
temple offroit l'image de la mort. Les rangs &
les âges étoient confondus. Ici l'enfant dormoit
à côté du vieillard qui laissoit tomber sur lui un
tendre regard. Là le pere serroit son fils entre
ses bras. Plus loin l'époux mouilloit de ses larmes les derniers mots qu'il écrivoit à sa femme.
Deux amis se tenoient étroitement embrassés &
juroient de ne plus se séparer. Appelloit-on
quelques-uns de nous pour aller à l'interrogatoire,
c'est-à-dire, à la mort, tous vouloient les suivre
& prononçoient à la fois un adieu éternel.

A ces tableaux de douleur & d'effroi succé-
doient quelque fois des scènes douces & touchants. On se formoit en différents grouppes. Un
capitaine

capitaine de vaisseau étoit couché sur la paille, entouré d'officiers qui avoient combattu sous ses ordres. Les pensées graves de la vieillesse, les souvenirs choisis des autres âges dominoient tour-à-tour dans ces conversations. Souvent ces entretiens étoient animés par les plus tendres sentimens de la nature & les plus vifs épanchemens de l'amitié.....Le recueillement d'un homme plus âgé étoit quelque fois troublé par la gayeté d'un jeune homme, ou les jeux d'un enfant ; mais dans cette variété de tons, d'idées & d'affeƈtions, on distinguoit la même résignation, & dans ce séjour de la mort, les viƈtimes seules étoient tranquilles ; les habitans de Vannes étoient émus, attendris. Mais jamais impression ne fut plus vive que lorsqu'après une prière publique, comme par une sainte inspiration, nous élevâmes tous la voix & les mains pour demander au ciel le bonheur de la France. Les soldats de garde furent d'abord immobiles d'étonnement & d'admiration. Mais bientôt les sentimens religieux se reveillant dans leurs cœurs, ils vinrent au milieu de nous, & interrompirent nos prières par leurs gémissemens.

Le 31 Juillet, dix personnes furent interrogées. Le 1er Août, soixante ; & le 2, quarante autres. Un officier républicain qui avait été témoin de leur interrogatoire, me dit qu'ils avaient étonné

E

les

les spectateurs par leur fermeté, & la dignité de leurs réponses. Il n'étoit échappé à aucun le moindre mouvement de foiblesse. Un de mes camarades, M. de Tronjolly, dit à ses juges: " Je " réclame votre justice pour mon domestique. " Lorsque je l'ai fait sortir de France, il igno- " roit mes projets. Il n'a jamais porté les armes. " Je suis seul coupable de son émigration." Un autre, M. de Coatudavel, d'une figure très-jeune & très-agréable, se présenta devant le tribunal. Lorsqu'on lui demanda son âge, il répondit qu'il avait trente ans. Un des juges, entraîné par un mouvement de sensibilité, lui dit: " Mais, Mon- " sieur, c'est impossible! vous n'avez pas l'air d'en " avoir vingt !"—" Je ne veux pas, répondit M. " de Coatudavel, racheter ma vie par un men- " songe."

Le 2 Août, soixante-dix condamnés furent fusillés à la fois; le lendemain quarante autres. Nous entendîmes la décharge de la mousqueterie. A ce bruit fatal nous fûmes tous saisis d'un mou- vement d'horreur. Un prêtre qui étoit avec nous récita à haute voix les prières des morts.

En retraçant ces exécutions barbares, mon cœur frémit encore. Jamais peut-être on n'a immolé à la fois tant de victimes intéressantes.
Une

Une minute vit périr tout ce qui inspire le respect, l'admiration & l'amour. Rien ne fût épargné, ni la vieillesse vénérable, ni les services éminents, ni les plus grands talents, ni la plus haute vertu, ni la plus tendre jeunesse. Le corps de la marine a perdu cent officiers,* dont les uns faisoient son orgueil, les autres son espérance. O mes infortunés camarades! Je vous ai survécu. Je vous pleurerai toujours. Je voudrois consacrer ici vos noms, mais pourrois-je les honorer assez? Un autre hommage attend votre mémoire, & j'en conçois l'heureux présage. Un jour viendra, où, rentrés dans nos arcenaux déserts, les Français effrayés de cette solitude nous demanderont ce que sont devenus ces officiers qui avoient porté dans les deux mondes la gloire de leur patrie. Nous leur dirons : " Ces hommes " qu'avoient respecté le tems & le fer de l'en- " nemi, ont péri par la main de vos tyrans. Allez " sur leurs tombeaux, faites y flotter ce pavillon " qu'ils avoient honoré, & leurs cendres seront " consolées."

---

* Dans le grand nombre d'officiers que je pourrois citer ici, MM. de Soulange & de Froger doivent être distingués, l'un par ses longs & honorables services, l'autre par ses grandes connoissances dans toutes les parties de la marine, & surtout dans la tactique navale, qui en avoient fait le digne successeur de M. du Pavillon.

II

Il restoit dans notre église quarante personnes qui obtinrent le sursis que le représentant Blad avait accordé aux domestiques, & à tous ceux qui n'avoient pas seize ans à l'époque de l'émigration, ou qui étoient sortis avant 1789. On verra dans le chapitre suivant comment j'y fus compris.

CHAPITRE V.

MON INTERROGATOIRE.

LE premier Août à midi, un officier républicain que j'avois connu à Aurai entra dans
l'église avec un de ses camarades. " Quoi, s'é-
" cria-t-il, vous vivez encore !" Il ajouta :
" Voilà mon ami qui n'est pas moins touché que
" moi de vos malheurs. Le service nous oblige
" de sortir. Nous reviendrons ce soir. Mais
" si l'on vient demander des personnes pour l'in-
" terrogatoire, ne vous présentez pas."

Les deux officiers revinrent à quatre heures.
Celui qui m'avoit été présenté le matin m'exami-
noit attentivement. Je crus reconnoître ses traits.
Nous avions été élévés ensemble au college de
***. Les souvenirs les plus doux de l'enfance
& les plus tendres sentimens de la nature se ré-
veillant à la fois dans son cœur, il se jetta dans
mes bras, & s'écria : " Non, mon ami, vous ne
" mourrez pas." Il ne put prononcer que ces
mots. Il me couvrit de larmes. Son camarade
l'arrachant de mes bras, lui dit : " Vous êtes trop
" ému. Les soldats de garde pourroient conce-
" voir des soupçons. Demain nous viendrons
" dé-

" déjeuner ici, & nous combinerons avec plus
" de calme les moyens d'obtenir un sursis ; c'est
" beaucoup que de gagner du temps."

Le lendemain à 7 heures du matin les deux officiers arrivèrent à l'église. Nous nous plaçâmes
dans un endroit écarté. Je voulus témoigner toute
ma reconnoissance à mon camarade de collège.
" Quoi, dit-il, avec sensibilité ! Vous me parlez
" de reconnoissance : ne me parlez que de mon
" bonheur." Bientôt entraînés par un mouvement naturel, nous nous rappellâmes tous les
momens de notre enfance. Ces entretiens ont
toujours tant de charmes ! Ma situation y répandoit une douce mélancholie. Prêt à jetter un
dernier regard sur la vie, je le laissois tomber sur
cet âge où les plaisirs ne sont encore que des
jeux, & les passions que d'innocents désirs ; où
l'amitié, tendre commerce de deux jeunes cœurs, a
toute la pureté & la fraîcheur d'un premier sentiment. Une heure s'étoit déjà écoulée dans ces
épanchemens. Avec quelle peine nous nous y ar-
rachions ! Mon camarade n'avoit cessé pendant
ce temps d'admirer les prisonniers. Il me dit
que ces exécutions inspiroient une horreur uni-
verselle ; que les menaces les plus fortes pouvoient seules déterminer les soldats à s'en charger.

Après

Après cette conversation nous combinâmes les réponses que je ferois lorsque je paroîtrois devant le tribunal—Il fut convenu, aussi que je demanderois à être interrogé le premier, & que je prendrois le nom de * * *, sous lequel j'étois peu connu, mais qui pourroit servir à me faire reconnoître de ma famille, si le sursis m'étoit accordé.

Le 3 Août, à 7 heures du matin, je sortis avec tous ceux qu'on vint chercher pour l'interrogatoire. Il avoit lieu à l'hôtel de Gouvello.

Voici les détails de mon interrogatoire. J'étois vis-à-vis le président. La galerie étoit derrière. Il y avoit à peu-près cent personnes.

D. Votre nom, citoyen ?

R. * * *

D. A quelle époque avez-vous émigré ?

R. Je n'ai point émigré. Je suis sorti de France avant la Révolution.

D. Avez-vous porté les armes contre la République ?

R. Non.

D. Mais vous étiez du rassemblement de Quiberon ?

R. Cela est vrai. Mais je n'étois pas employé militairement.

D. Etiez

D. Etiez-vous noble ?

R. Non.

Alors le président dit. Quelles sont, citoyen, les raisons qui vous ont forcé de sortir de la France ?

R. Je suis sorti de France en 1789 pour aller faire en Angleterre un recouvre ent de fonds au nom de la maison de *** dont les biens étoient à St. Domingue. Je m'embarquai à Nantes au mois de Mai. J'entrai chez un négociant appellé Wrewenden. J'y restai longtemps. Cet homme qui m'a tenu lieu de père, ayant éprouvé une banqueroute, fut obligé d'aller en Ecosse. Je me séparai de lui. Je n'ai pas voulu rentrer en France sous le règne sanglant de Robespierre. Me trou-vant à Londres sans ressources, le quartier-maître des régiments Français m'offrit de tenir ses comptes : je m'attachai à lui. Lorsque nous sommes partis, j'ai cru qu'on alloit à Jersey. Je me suis trouvé à Quiberon, & je me disposais à revenir en Angleterre au moment où le Fort à été pris.—Citoyen, si je n'avois pas perdu mes pa-piers avec mes effets, je donnerois les preuves de ce que j'avance. Mais j'attends de votre jus-tice que vous m'accorderez un sursis pour me les procurer.

D. Citoyen, le négociant chez lequel vous étiez, étoit-il du parti de l'Opposition ?

R. J'igno-

R. J'ignorois ses opinions politiques.

Alors le président me dit avec douceur : "soyez "tranquille : on vous rendra justice." À ces mots les galeries qui avoient gardé un morne silence applaudirent avec l'expression de la joie la plus vive. Je passai dans l'appartement où se trouvoient ceux qu'on alloit interroger. Je leur recommandai de n'avoir pas l'air de me reconnoître. M. d'Entrechaux se fit passer pour domestique. A midi, la commission leva sa séance. Tout le monde étoit interrogé.

A 1 heure, Sophie vint avec une de ses amies me demander. Elle prononça à haute voix le nom de Chaumareix. Cet incident pouvoit me devenir funeste. Je m'approchai d'une fenêtre, & je lui dis : " Le citoyen que vous demandez n'est " plus ici ; allez ce soir à la maison d'arrêt. Le " citoyen *** vous en donnera des nou- " velles." Sophie étoit si troublé qu'elle ne saisit pas ce que je lui disois. Son amie m'avoit entendue & l'emmena.

Je passai depuis midi jusqu'à quatre heures avec ceux qui venoient d'être interrogés. On auroit dit qu'en approchant de la mort ils devenoient plus calmes. Un élève de la marine, M. de Payen,

F

qui

qui n'avoit que six mois de trop pour obtenir le sursis, déclara son âge, quoique sa figure fut extrémement jeune. Le président du tribunal insista en vain : il ne put le sauver.

A 4 heures du soir, le détachement chargé de l'exécution arriva. Le greffier appella ceux qui étoient condamnés à mort. Le nom de M. le N......., avoit été mal écrit sur le régistre, il n'y répondit pas. Le greffier passa aux autres. Il alloit se retirer, lorsque M. le N........ lui dit : " C'est sûrement mon nom que vous avez pro- " noncé :" & il suivit ses camarades.

Lorsque cet appel fut fait, un caporal lia aux condamnés les mains derrière le dos. Pour ajouter à l'horreur de ce spectacle, ils étoient précédés d'hommes qui devoient creuser leurs tombeaux. 28 alloient périr. Douze avoient obtenu le sursis. M. d'Entrechaux & moi étions de ce nombre. Mais lorsque nos infortunés camarades se tournant vers nous pour la derniere fois, nous dirent: *Ne nous oubliez pas—nous sommes heureux de vous voir sauvés*, non seulement nous ne sentîmes pas le bonheur de notre situation, mais des sentiments nouveaux s'élevèrent en nous. Nous fûmes prêts à nous trahir, à demander de les suivre. Notre cœur combattu par je ne sais quels remords,

remords, déchiré par la douleur, nous fit éprouver des tourmens plus cruels que cette mort à laquelle nous venions d'échapper. Une demie heure après, nous entendîmes la fatale décharge,* & presqu'au même instant nous vîmes passer sous nos yeux les dépouilles sanglantes de nos amis. Je tombai accablé. J'essayai en vain de gouter quelque repos. Des fantômes effrayans me poursuivoient. Enfin, après une longue agitation, j'entendis une voix qui calma mes sens ; c'étoit celle de Sophie que je n'avois pas encore apperçue, & qui étoit entrée dans l'hôtel.

Tous ceux qui avoient obtenu le sursis des différentes commissions furent transférés le lendemain 4 à la Tour de Vannes. Nous étions 108.

---

* Tous ceux qui ont été témoins de ces affreuses exécutions croyoient qu'au milieu du courage & du calme des victimes, il étoit impossible de se faire remarquer. Cependant la fermeté de M. de Kergariou-Loëmaria, officier distingué, étonna même ses camarades. Son frère, major du régiment du Dresnay, avoit déjà péri à l'affaire du 16. Son neveu M. de Lage de Volude, jeune homme intéressant, fut manqué deux fois.

Les blessés hors d'état d'être transportés furent fusillés sur leurs matelats. Cet excès de barbarie est inconcevable !

CHA-

CHAPITRE VI.

MON SÉJOUR A LA TOUR DE VANNES, ET MON ÉVASION.

MES deux amis vinrent me voir dans la Tour. Je n'essayerai pas de peindre leur joye. Ils jouissoient bien plus que moi de mon bonheur. Ils devoient partir le lendemain. Ils voulurent me donner toute la journée. Combien ces momens furent délicieux, & notre séparation touchante! Tendres & généreux amis! Vous avez laissé dans mon cœur un long souvenir. Entraînés par des destinées différentes, nous n'avons pas servi sous les mêmes drapeaux, mais vous avez cru servir votre patrie. Illusion funeste, que la gloire semble avoir voulu prolonger, & qui a trop servi vos habiles tyrans! Mais vous êtes restés purs au milieu de tant de crimes. Si j'ai combattu la Révolution, vous en avez adouci les malheurs!

Le 6, un soldat républicain à qui M. d'Entrechaux avoit remis sa bourse, lors de la prise du Fort, ayant appris qu'il n'avoit pas péri, vint à Vannes pour la lui remettre. Tout fut tranquille jusqu'au 16.

Le

Le 16, les chefs des Chouans firent avertir les prisonniers que s'ils vouloient se révolter, ils s'avanceroient dans la nuit pour les seconder. Il y avoit dans la ville deux mille prisonniers, & six cents soldats seulement pour les garder. Tout fut découvert par deux soldats du régiment d'Hervilly. On fit placer des canons devant les prisons. Sept chefs de Chouans furent fusillés sur le champ.

Le lendemain, le général le Moine vint à la Tour, & nous prévint qu'au moindre mouvement il nous feroit tous mitrailler. Le langage de cet homme féroce indignoit les soldats.

Le 18, le représentant Blad arriva à Vannes; il permit aux habitans d'entrer comme auparavant dans nos salles, depuis 8 heures jusqu'à midi, & depuis 2 heures jusqu'à 8. Il s'empressa de rassurer tous ceux qui avoient des parents parmi nous. Il sembloit n'avoir aucune inquiétude sur notre sort; & je crois qu'il étoit de bonne foi—Nous lui devions déjà le sursis: il avoit en outre cherché à adoucir notre situation.

Le général le Moine avoit placé les soldats prisonniers dans un camp qui étoit sur la promenade publique, & vis-à-vis de nous. Nous pouvions

vions être reconnus par ceux de notre régiment. Nous songeâmes dès-lors aux moyens de
nous échapper. Il falloit trouver dans la ville
une maison où nous serions reçus. La maîtresse
de celle qu'on nous indiqua, nous attendit pendant huit jours couchée sur un matelas derrière
sa porte.

Nous avions sous nos fenêtres & très-près de
nous deux sentinelles. Un jour de promenade
publique, un de ces soldats dit à son camarade :
" je parie reconnoître les patriotes & les roya-
" listes"; & voyant passer une femme dont la
démarche étoit noble, " n'est-ce pas, citoyenne,
" que vous êtes patriote?"—" Oui, répondit-
" elle, comme Charette," & les deux soldats se
mirent à rire.

Sophie étoit malade depuis le 16. Elle vint
me voir le 20. Cette tendre amie avoit le pres-
sentiment le plus funeste. Elle me représentoit
sans cesse que les dangers que je pourrois courir
en cherchant à m'échapper étoient bien moindres
que ceux auxquels nous étions exposés en res-
tant.

Le 27, rien ne transpiroit encore. Le 28, on
vint demander douze personnes pour les interroger.

roger. J'étois hors d'état de fournir les preuves de ce que j'avois avancé....Bientôt après j'appris que la Convention avoit envoyé l'ordre de faire fusiller jusqu'aux domestiques.

Nous ne nous occupâmes plus alors que des moyens d'éviter une mort qui sembloit certaine. Il y avoit au haut de la Tour, directement sous le toit, un petit endroit que j'avois apperçu depuis quelques jours. Nous y montâmes tout de suite avec nos matelats. Nous recommandâmes à nos amis de dire que nous avions été à l'interrogatoire, & de publier notre mort avec quelques circonstances.

On vint chercher les prisonniers jusqu'à midi. A 4 heures, nous entendîmes le bruit de la décharge. A 7 heures, on demanda ceux qui restoient. J'entendis l'officier qui demandoit s'il n'y avoit plus personne ? On lui répondit que non.

Qu'on se retrace notre situation, dans un espace de six pieds en quarré, obligés de nous tenir debout & cachés derrière nos matelats, osant à peine respirer, craignant à tout moment d'être découverts. Nous avons passé ainsi deux jours, souffrant à chaque minute toutes les horreurs de la mort. Je ne dois pas oublier le trait le plus

frap-

frappant. Après l'exécution des prisonniers, les habitans entrèrent dans la Tour pour réclamer les effets qu'ils y avoient apportés : on ne voulait pas les leur rendre ; " Comment, criaient-ils, après " avoir massacrés ces malheureux, vous voulez " encore nous voler." Une femme du peuple, plus furieuse que les autres, découvre l'endroit où nous étions, saisit un des matelats ; & nous ayant apperçus : *Non*, dit-elle, en s'en allant aussitôt, *je me trompois, je n'avois rien ici.*

A 9 heures du soir, nous sortîmes déguisés de la Tour.* On nous avoit mal indiqué la maison où nous devions aller ; nous entrâmes dans une autre. Nous craignîmes aussitôt d'être découverts. " Ne craignez rien, nous dit le maître, " je vois que vous êtes de ces malheureux émi-" grés. Ma maison est à vous, restez-y."—Nous lui exprimâmes par nos larmes notre sensibilité. Il nous conduisit dans la maison où nous devions aller, & où nous restâmes cachés depuis le 30 Août jusqu'au 17 Septembre.

Nous avons passé sous silence plusieurs détails de notre évasion. Nous aurions craint de désigner nos bienfaiteurs à la rage de nos assassins.

---

* D'après les informations que j'ai prises, je présume qu'il peut s'être échappé des prisons quinze ou vingt personnes.

C H A-

CHAPITRE VII.

MON ARRIVÉE À L'ESCADRE ANGLOISE.

LE 17, on nous proposa de profiter d'une occasion pour nous rendre à l'escadre Angloise... Nous allâmes, M. d'Entrechaux & moi, dans une maison qui étoit hors de la ville. Le lendemain deux femmes vinrent nous chercher ; nous prîmes des habits de paysan.

A 9 heures nous partîmes ; après avoir fait une lieue nous vîmes sortir d'une haye quatre hommes armés de bâtons ferrés, qui nous dirent en riant : " Ma foi, si vous aviez été des bleus*, vous étiez " perdus, mais nous vous connoissons." Nous continuâmes notre route, & après quatre heures de marche nous arrivâmes à un premier village. Une de ces femmes nous conduisit dans une maison ; elle dit quelques mots en Bas-Breton à nos hôtes, & l'on nous servit à dîner. Lorsque nous partîmes, ces bonnes gens nous comblèrent de bénédictions, & il nous fut impossible de leur rien faire accepter. Il falloit passer une rivière pour nous rendre au village où nous de-

---

* C'est ainsi qu'ils appellent les soldats républicains,

G   vions

vions coucher. Comme nous allions la traverser, des Chouans nous crièrent *les Bleus viennent d'arriver.* Nous attendîmes quelque temps ; & nous vîmes passer un détachement de douze soldats qui sortoit du village. Nous nous y rendîmes alors. L'homme à qui nous étions recommandés nous dit : " Vous partirez demain à 10 " heures, pour vous rendre au lieu de l'embar- " quement. Je vous donnerai deux hommes " pour vous conduire. L'un marchera en avant ; " il vous avertira lorsqu'une patrouille passera." — Nous entendîmes aussitôt du bruit ; c'étoit un nouveau détachement qui entroit dans la maison à côté de la nôtre. Nous nous cachâmes dans une grange, & le lendemain de très bonne heure nous partîmes avec nos deux conducteurs ; nous traversâmes des champs, des hayes garnies de buissons. Après deux heures de marche, nous arrivâmes à une maison où l'on nous attendoit. Nous y restâmes jusqu'à la nuit du 20, où un canot vint nous prendre, & nous conduisit à l'escadre Angloise à 8 heures du matin. Sir John Warren nous témoigna un vif intérêt. Quelque temps après, le capitaine Bertie vint à bord du Commodore. J'avois déjà été embarqué sur le vaisseau le Thunderer, il m'engagea à y revenir. J'y trouvai l'obligeance & les soins attentifs, que les officiers de l'escadre Angloise ont prodigué à notre corps.

J'avois

J'avois reçu une lettre de Sophie, ; elle finis-
soit par ces mots : *Fuyez cette terre malheureuse.*

Cette tendre amie m'envoya le peu d'argent
qui lui restoit.—Sophie ! tu as bien plus fait que
de m'arracher à la mort. Tu as embelli des
jours que la douleur auroit flétris. J'emporte
dans mon exil ta douce & consolante image. Si
je revois jamais cette terre si chère ! Sophie, tu
as mon cœur. Je n'aurai qu'à te consacrer ma
vie.

CHA-

OBSERVATIONS GÉNÉRALES.

ON connoît l'origine des Chouans. Ils se formèrent des débris de la Vendée après la bataille du Mans. Ils sont répandus dans onze départemens qui comprennent la Bretagne, le Maine, l'Anjou & une partie de la Normandie. Ceux de Vitré sont les plus aguerris. Il y a sur Grand-Champ un corps de trois mille hommes qu'on peut regarder comme le noyau du grand rassemblement. Un corps de même force est du côté de Sarzeau. Ils sont composés en partie de marins. Les Chouans, dont le nombre s'éleve peut-étre à quatre-vingt mille hommes, n'ont pas, comme l'armée de la Vendée, une organisation réguliere. Dispersés sur une vaste étendue de pays ils n'obéissent pas à un seul chef. Cependant ils reconnoissent différens commandans ; & un conseil, à la tête duquel se trouve dans ce moment M. de Puisaye, règle leurs mouvemens & y met quelque ensemble.....

Les Chouans font une guerre cruelle aux soldats républicains. Cachés pendant le jour, ils

se

se réunissent la nuit, ont des intelligences dans les villages, & y surprennent des détachemens entiers. Je vis partir de Vannes trente dragons. Il n'en revint que sept le soir. Ils amenoient un seul prisonnier blessé. Cet homme étoit très-grand & avoit la cocarde blanche à son chapeau. . . . . .

Plusieurs officiers m'ont assuré que depuis que les Chouans avoient repris les armes, il avoit péri douze mille soldats républicains. Cette guerre qui se réduit à des combats meurtriers & obscurs, sans cesse renaissant, répugne singulièrement à l'armée.

En me rendant de Vannes à l'endroit où je devois m'embarquer, je passai la nuit chez un homme âgé..... " Voilà, me dit-il, cent cinquante cartouches. Mes deux fils sont aux Chouans ; mais il est tems que cela finisse ; ce n'est pas assez des enfants, il faut que les pères marchent." Je trouvai sur la route un grand nombre de Chouans qui avoient été avertis que je devois passer. Je causai beaucoup avec eux. Je découvris dans tous une haine profonde contre les bleus & contre le gouvernement républicain......Ils me demandoient des nouvelles de leurs anciens seigneurs pour lesquels ils ont un attachement ex-
traordi-

traordinaire; ils les desirent; ils les appellent. " S'ils étoient avec nous, disoient-ils, cela iroit bien autrement! mais nous n'avons personne pour nous commander." Je dois à la vérité d'ajouter que M. de Puisaye me parut avoir leur confiance......

L'expédition de Quiberon a accrédité sur les Chouans une opinion que je crois absolument fausse : il aurait fallu les employer au genre de guerre qu'ils avoient fait jusques-là, ou bien les organiser & les exercer. On n'a fait ni l'un ni l'autre. . . . .

En résumant ces observations, il en résulte bien certainement que les Chouans, sans avoir eu l'é-clat, ni la gloire de la Vendée, sont des ennemis peut-être plus dangereux pour la République, parce qu'ils occupent un pays plus étendu & plus important : les idées religieuses & royalistes do-minent parmi eux avec autant de force que dans la Vendée. Il leur a manqué des la Roche Jacquelin, des Charette, &c.

Le corps d'armée du général Hoche n'étoit que de sept à huit mille hommes. J'ai observé avec soin l'esprit qui y régnoit. La guerre s'étant prolongée, il est arrivé ce que tous les hommes éclairés avoient pressenti; que l'armée deviendroit

chaque

chaque jour plus étrangère aux questions politiques, & que les idées militaires y domineroient.
Aussi n'y voit-on plus ces clubs & ces orateurs
qui faisoient le désespoir du général Dumouriez.
St. Just établit en 1793 dans l'armée d'Alsace
une discipline que les commissaires de la Convention portèrent ensuite dans toutes celles de la
République. Le code de ce triumvir auroit
étonné Frédéric ; les soldats obéissent à ces
lois terribles ; prodige qu'on ne peut expliquer
que par le concours des idées de patrie & de liberté, qui fortifient le commandement, & des
idées d'égalité qui tempèrent la différence des
rangs !

La présence des commissaires de la Convention
dans les armées a contribuée encore à y main-
tenir la discipline : elle a réduit les généraux à la
simple exécution des plans tracés par le comité
de la guerre.....Tout ce qui auroit pu leur donner
de l'influence, étoit entre les mains des commissaires.....Il en est résulté que ces généraux, sans
considération, sans pouvoir, passant d'une armée
à l'autre, n'ont communiqué à aucune un esprit
particulier : & qu'il n'est resté que ce sentiment
national qui a attaché fortement les soldats à la
défense du territoire. C'est ainsi que la Convention

tion Française a su éviter les dangers qui perdirent le Sénat Romain.

Il ne faut donc pas compter sur l'intervention de l'armée dans la forme du gouvernement ; soumise au pouvoir dominant, elle n'a qu'un vœu ; & il est pour la paix. Quelques esprits ardents & ambitieux pourront regretter les chances rapides & brillantes de la guerre ; mais tous les officiers soupirent après la jouissance paisible de leurs grades ; mais tous les soldats de réquisition brulent de rentrer dans leurs foyers. Et ces huit cent mille hommes, dont la réaction dans l'intérieur paroît si allarmante pour le gouvernement actuel, seront réduits facilement à l'état ordinaire de paix.

C'est sur l'esprit public que doivent reposer nos espérances ; & le changement qui s'est opéré en France à cet égard, est immense.—Le cercle des idées populaires est parcouru. On a été complettement dupe en Europe du nouveau systéme de modération. On l'a attribué à la Convention. On n'a pas vû que le parti qui renversa Robespierre ne voulut d'abord qu'échapper à la proscription qui le menaçoit, & s'emparer du pouvoir ; bientôt il fut obligé de céder au mouvement général ; mais depuis, il a été constamment

ment occupé à l'arrêter. L'opinion publique a toujours été plus loin que la Convention dans toutes les mesures de justice & d'humanité. Fatiguée enfin de cette lutte, elle a abjuré hautement le système de modération ; & les derniers jours de sa funeste existence ont été marqués par des décrets dignes de Robespierre—sa tyrannie va se reproduire sous de nouvelles formes. C'est au bruit du canon que la constitution a été proclamée ; c'est du sang de quatre mille citoyens qu'elle a été scellée.

O ma patrie ! j'ignore tes grandes destinées. Mais la tyrannie ne peut régner longtems là où j'ai vu tant de vertus. Oui, tu peux devenir le séjour heureux & brillant de la liberté & de la gloire. Périsse bientôt jusqu'au souvenir de nos funestes divisions ! Six ans de malheurs doivent avoir appaisé toutes les haines. François, réunissez-vous dans un seul vœu, dans un seul sentiment. Préparez par votre sagesse, votre courage, ce jour que vos tyrans redoutent—jour consolateur, où les erreurs seront oubliées, les fautes pardonnés, & le crime abandonné à ses remords !

F I N.

Appel à la Postérité, par Mme. Roland...4 parties 10 s.

Description Géographique & Hydrographique de la France, d'après sa Nouvelle Division en Départemens, Districts, &c. par M. Decht, Paris 1791...8vo. br. 5s.

Réponses des Armées Catholiques & Royales de la Vendée au Décret de la soi-disante Convention, du 2 Frimaire de son Calendrier....8vo. br. 1 sh.

Réveil de la Raison....8vo. b. 2 sh.

Observations sur la Conduite des Princes Coalisés, par le Comte d'Antraigues....8vo. br. 2 sh.

Cartes des Départemens, sur toile, de 4 feuilles, 2 guinées.

Ditto, en feuille, 3 sh. 6 d.

Paraboles de l'Evangile, mis en Vers Français, sur la Mémoire de Louis XVI le Vertueux; Hambourg 1795 ....4to. br. 4 sh.

Conversations entre Deux Français Emigrés, sur la Brochure de M. Mallet du Pan....8vo. 1 sh. 6 d.

Lettre d'Emmanuel Haller, ci-devant Administrateur-Général des Subsistances de l'Armée Française d'Italie; à Nice....8vo. 1 sh.

Considérations sur la Révolution Sociale, par M. Ferrand ...8vo. 3 sh.

Mémoires d'un Détenu, pour servir à l'Histoire de la Tyrannie de Robespierre....8vo. 2 sh. 6 d.

Coup-d'Œil Politique sur l'Avenir de la France, par M. Dumouriez....8vo. br. 2 sh. 6 d.

Atlas National de la France....4to. oblong, 2 guinées.

Astronomie de Lalande....3 vol. in-4to. en carton, dernière Edition, 3 l. 13 sh. 6 d.

Ecole Politique, ou Choix des Discours de MM. Maury, Cazalès, &c. &c....12 vols. 8vo. avec portraits, br. 3 l. 18 sh.

Le Pour & le Contre sur le Procès de Louis XVI, ou Recueil de Toutes les Opinions des Membres de la Convention Nationale, avec l'Appel Nominal...7 vols. 8vo. br. 1 l. 8 sh.

Encyclopédie Méthodique, 58 Livraisons...4to.

Beauclair, Cours de Gallicisme Français; Francfort, 1795 ....2 vol. 8vo. br 8 sh.

Apperçu Général des Evénemens Politiques & Militaires, survenus depuis l'Arrestation de S. M. Louis XVI à Varennes, jusqu'à l'Epoque de la Mort de S. M. Louis XVII. Conduite Politique des différens Cabinets des Puissances Alliées....8vo. br. 2 sh.

144